Impressum
Verlag: BABADADA GmbH, Nedderfeld 112 , 22529 Hamburg
Geschäftsführer / Verlagsleitung: Harald Hof
Druck: Books on Demand GmbH, In de Tarpen 42, 22848 Norderstedt

Imprint
Publisher: BABADADA GmbH, Nedderfeld 112 , 22529 Hamburg, Germany
Managing Director / Publishing direction: Harald Hof
Print: Books on Demand GmbH, In de Tarpen 42, 22848 Norderstedt, Germany

ystafell ddosbarth
suudu jangirdu

rhannu
feccude

186/2

bwrdd
balal binndi

iard ysgol
hakkunde ekkol

athro
janginoowo

papur
kaayit

ysgrifennu
windude

pen
kudol

desg
biro

pren mesur
reegal

llyfr
deftere

disgybl
almuudo

bag ysgol

kartaabal

blwch penseli

moftirdo kereyonji

pensil

kereyo

peth rhoi min ar bensil

ceeɓnirgel kereyon

rwber

momtirgel

pad arlunio

alluwal ciifirgal

llun
ciifgol

brws paent
limsere pentirteeɗo

blwch paent
suwo pentirɗo

siswrn
sisooji

glud
ɗakkorgal

llyfr ysgrifennu
deftere ekkorgal

gwaith cartref
golle janŋde

12

rhif
niimara

2+2

ychwanegu
ɓeydude

5-2

tynnu
ustude

2×2

lluosi
ɓeydude keeweendi

cyfrifo
qimaade

A

llythyren
bataake

ABCDEFG
HIJKLMN
OPQRSTU
VWXYZ

gwyddor
karfeeje

hello

gair
kongol

testun
bindol

darllen
jangude

sialc
bindirgal

gwers
darsu

cofrestr
winditaade

arholiad
egsame

tystysgrif
sartifika

gwisg ysgol
comcol duɗal

addysg
janŋde

gwyddoniadur
ansikolopedi

prifysgol
duɗal jaaɓi haɗtirde

microsgop
mikoroskop

map
kartal

basged papur gwastraff
suwo kurjut

4 ysgol - duɗal

gwesty
otel

hostel
obers

swyddfa gyfnewid
nokku beccugol e neldugol

cês dillad
waxannde

car
oto

iaith

demngal

ie / na

Eey / ala

iawn

Moyƴi

helo

mbadda

cyfieithydd

pirtoowo

Diolch yn fawr

A jaraama

faint yw ...?

no foti…?

Dw i ddim yn deall

Mi faamaani

problem

hanmi

Noswaith dda!

Jam hiri!

Bore da!

Jam waali!

Nos da!

Mbaalen e jam!

hwyl

ñande woɗnde

cyfarwyddyd

laawol

bagiau

bagaas

bag

saawdu

gwarbac

saawdu wambateendu

gwestai

koɗo

ystafell

suudu

sach gysgu

njegenaaw

pabell

caalel ladde

gwybodaeth i ymwelwyr

kabaruuji tuurist

traeth

tufnde

cerdyn credyd

kartal banke

brecwast

kacitaari

cinio

bottaari

swper

hiraande

tocyn

biye

lifft

suutde

stamp

tampon

ffin

keerol

tollau

duwaan

llysgenhadaeth

ambasad

fisa

wiisa

pasbort

paaspoor

awyren
laala ndiwoowa

llong
batoo

injan dân
oto pompiyeeji

bws
biis

lori
kamiyon

cwch modur
laana motoor

car
oto

beic
welo

fferi

batoo

cwch

laana

beic modur

welo

car yr heddlu

oto polis

car rasio

oto dogirteeɗo

car wedi'i rentu

oto luwateeɗo

rhannu car

dendugol oto

lori tynnu

oto dandoowo goɗɗo

lori ysbwriel

oto kurjut

modur

motoor

tanwydd

karbiran

gorsaf betrol

nokku esaans

arwydd traffig

tintinooje yaangarta

traffig

yaa ngarta

tagfa draffig

jiiɓo yaa ngarta

maes parcio

dingiral otooji

gorsaf drennau

dingiral laana leydi

traciau

laabi

trên

laana leydi

tram

laana ndegoowa

wagen

saret

hofrennydd
elikopteer

maes awyr
ayrepoor

tŵr
tuur

teithiwr
wonɓe e laana

cynhwysydd
konteneer

paced
karton

cert
duñirgel kaake

basged
basket

esgyn / glanio
diwde / juuraade

dinas

wuro mowngu

pentref
wuro

canol y ddinas
hakkunde wuru wowngo

tŷ
galle

Scene labels (top illustration):

- sinema / sinema
- hysbyseb / kabrirgel
- golau stryd / lampa laawol
- stryd / laawol
- tacsi / taksi
- cerddwr / yaroobe koyɗe
- siop byrbrydau / bitik ñaamdu
- palmant / laawol yaroobe koyɗe
- croesfan / taccugol
- croesfan sebra / taccirgel laawol
- bin / siwo kurjut
- goleuadau traffig / kuɓɓuuje e laawol

cwt
....
tiba

fflat
....
ko foti

gorsaf drennau
....
dingiral laana leydi

neuadd y dref
....
meeri

amgueddfa
....
miise

ysgol
....
duɗal

prifysgol

duɗal jaaɓi haɗtirde

banc

banke

ysbyty

suudu safirdu

gwesty

otel

fferyllfa

farmasi

swyddfa

gollirgal

siop lyfrau

suudu defte

siop

bitik

siop flodau

jeyoowo fuloraaji

archfarchnad

sipermarse

farchnad

jeere

siop adrannol

madase mawɗo

siop bysgod

jeyoowo liɗɗi

canolfan siopa

nokku coodateeɗo

harbwr

poor

parc
park

banc
jooɗorgal

pont
taccirgal

grisiau
ŋabbirɗe

rheilffordd danddaearol
laawol metero

twnnel
laawul les leydi

safle bws
fongo biis

bar
baar

bwyty
restora

blwch post
buwaat postaal

arwydd stryd
lewñowel laawol

mesurydd parcio
to otooji ndaroto

sŵ
nokku kullon

pwll nofio
pisin

mosg
jama

fferm
ngesa

llygredd
gakkingol hendu

mynwent
bammule

eglwys
egiliis

maes chwarae
dingiral

teml
tampl

tirwedd
yiyande taariinde

![Landscape scene with labels]

deilen
baramlefol

arwydd cyfeirio
tugayal tintinirgal

ffordd
laawol

dôl
Huɗo sukkuko

carreg
haayre

coeden
lekki

heiciwr
ŋayloowo

afon
maayo

glaswellt
huɗo

blodyn
fuloor

cwm

nokku kaañe mawɗe to ndiyam dogata

bryn

waande

llyn

weedu

coedwig

ladde

anialwch

ladde yoornde

llosgfynydd

wolkan

castell

satoo

enfys

timtimol

madarchen

sampiñon

palmwydden

leki palm

mosgito

ɓowngu

pryf

diwde

morgrugyn

njabala

gwenyn

mbuubu ñaak

pryf copyn

njabala

chwilen

hoowoyre keppoore

llyffant

faabru

gwiwer

doomburu ladde

draenog

sammunde

ysgyfarnog

fowru

tylluan

pubbuɓal

aderyn

colel

alarch

kakeleewal ladde

baedd

mbabba tugal

carw

lella

elc

Nagge nde gallaɗi cate

argae

baraas

tyrbin gwynt

masiŋel battowel hendu jeynge

panel haul

Lowowel nguleeki

hinsawdd

kilima

gweinydd
carwoowo

bwydlen
meni

cadair
joodorgal

cawl
suppu

pitsa
pidsa

cyllyll a ffyrc
gede ñaamirteede

lliain bwrdd
limsere taabal

cwrs cyntaf

tongitirgel

prif gwrs

ñaamdu nguraandi

pwdin

tuftorogol

diodydd

njaram

bwyd

ñaamdu

potel

butel

bwyd cyflym

fast fud

bwyd y stryd

ñaamdu laawol

tebot

baraade

powlen siwgr

cupayel suukara

dogn

geɗel

peiriant espresso

Masinŋ kafe

cadair plentyn

jooɗorgal toowngal

bil

biye

hambwrdd

ñorgo

cyllell

paaka

fforc

furset

llwy

kuddu

llwy de

nokkere kuddu

napcyn

sarbet

gwydr

weer

plât
palaat

plât cawl
palaat suppu

soser
cupayel

saws
soos

pot halen
pot lamđam

melin bupur
moññirgal poobar

finegr
bineegara

olew
nebam

sbeisys
kaađnooje

saws coch
ketsap

mwstard
muttard

mayonnaise
mayonees

cynnig arbennig
ngustugul coggu

cwsmer
kiliyaan

cynnyrch llaeth
kosameeje

ffrwythau
bikkon leɗɗe

troli
daasirgel

siop gig
jeyoowo teew nagge

siop fara
juɗoowo mburu

pwyso
betde

llysiau
lijim

cig
teew

Bwyd wedi'i rewi
ñaamdu ɓumnaandu

cig oer

teew moftaaɗo

bwyd tun

ñaamdu nder buwat

powdr golchi

condi lawyirteendu

da-da

bonboonji

cynnyrch cartref

geɗe ngurdaaɗe

cynhyrchion glanhau

porodiwiiji laaɓnirni

gwerthwraig

julaaajo

til

haa

ariannwr

kestotooɗo

rhestr siopa

limto coodateeɗi

oriau agor

waktuuji golle

waled

kalbe

cerdyn credyd

kartal banke

bag

saak

bag plastig

saak dalli

dŵr

ndiyam

sudd

njaram

llefrith

kosam

côc

ŷulmere

gwin

sangara

cwrw

sangara

alcohol

sangara

coco

kakao

te

ataaya

coffi

kafe

espresso

kafe jon jooni

cappuccino

kafe italinaaɓe

ffrwchledd

banaana

afal

pom

oren

oraas

melon

dende

lemwn

limonŋ

moronen

karot

garlleg

laay

bambŵ

lekki bambu

nionyn

basalle

madarchen

sampiñon

cnau

gerte

nwdls

espageti

sbageti

espageti

reis

maaro

salad

salaat

sglodion

firit

tatws wedi'u ffrïo

faatat cahaaɗo

pitsa

pidsa

hambyrger

amburgeer

brechdan

sandiwis

cytled

buhal baddangal e lijim

ham

buhal teew

salami

kaane biyeteeɗo sosison

selsig

sosis

cyw iâr

gertogal

rhost

defaɗum

pysgodyn

liingu

ceirch uwd

ndefu gabbe kuwakeer

miwsli

njilɓundi aɓuwaan e gabbe goɗɗe

creision ŷd

kornfelek

blawd

farin

croissant

kurwasa

bynsen

pe o le

bara

mburu

tost

mburu juɗaaɗo

bisgedi

mbiskit

menyn

nebam boor

ceuled

kosam kaaɗɗam

teisen

gato

wy

ɓoccoonde

wy wedi'i ffrïo

moccoonde fasnaande

caws

foromaas

hufen iâ

kerem galaas

siwgr

suukara

mêl

njuumri

jam

teew nagge

siocled taenu

nirkugol sokkola

cyri

suppu kaane

ffermdy
galle nder ngesa

bwrn gwellt
mahande huɗo

ysgubor
cukalel

maes
ngesa

ceffyl
puccu

ôl-gerbyd
reemorki

tractor
tarakteer

ebol
molu

asyn
mbabba

oen
jawgel

dafad
mbaalu

gafr

ndamdi

buwch

nagge

llo

mbeewa

mochyn

mbabba tugal

porchell

bingel mbabba tugal

tarw

ngaari ladde

gwydd

jarlal ladde

hwyaden

gerlal

cyw

cofel

iâr

jarlal

ceiliog

ngori

llygoden fawr

doomburu

cath

ullundu

llygoden

doomburu

ych

nagge

ci

rawaandu

cwt ci

nokku dawaaɗi

pibell ddŵr

tiwo sardin

can dŵr

doosirgal

pladur

wofdu mawndu

aradr

masinŋ demoowo

cryman

wofdu

fforch chwynu

coppirgal

picwarch

rato

bwyell

hakkunde

berfa

buruwet

cafn

mbalka

tun llefrith

kosam buwat

sach

saak

ffens

kalasal galle

stabl

nokku pucci

tŷ gwydr

inexistant

pridd

leydi

hedyn

abbere

gwrtaith

nguurtinooje leydi

dyrnwr medi

masinŋ coñirteeɗo

cynaeafu

soñde

cynhaeaf

soñde

iamau

ñambi

gwenith

bele

soi

soja

tysen

faatat

grawn

maka

had rêp

abbere lekki kolsa

coeden ffrwythau

lekki firwiiji

manioc

ñambi

grawnfwydydd

sereyaal

simnai
jaltinirgal cuurki

to
dow huɓeere

peipen law
tiwo diyƴe

ffenestr
falanteere

garej
gaaraas

cloch y drws
tintinirgel damal

drws
damal

bin sbwriel
siwo kurjut

blwch post
Saawdu bataakuuji

gardd
sardin

lolfa
suudu yeewtere

ystafell ymolchi
tarodde

cegin
waañ

ystafell wely
suudu waalduru

ystafell plentyn
suudu sakaaɓe

ystafell fwyta
suudu hiraande

llawr

karawal

wal

balal

nenfwd

asamaan suudu

seler

faawru

sawna

soona e ɗemngal farase

balconi

balko

teras

teeraas

pwll

pisin

peiriant torri gwair

keefoowo huɗo

taflen

darap

gorchudd gwely

darap

gwely

leeso

ysgub

pittirgal

bwced

suwo

swits

ñifirgel

papur wal
nataal

llun
nataal

lamp
lampa

silff
etaseer

cwpwrdd
bahe

teledu
tele

lle tân
jaltinirgel cuurki

blodyn
fuloor

clustog
njegenaaw

soffa
fotooy

fâs
ciwirgal njaram

rheolydd o bell
deengol ko woɗɗi

carped
tappi

llen
rido

bwrdd
taabal

cadair
jooɗorgal

cadair siglo
jooɗorgal timmungal

cadair freichiau
jooɗorgal tuggateengal

llyfr

deftere

blanced

cuddirgal

addurn

jooɗnugol

coed tân

leɗɗe kuɓɓateeɗe

ffilm

filmo

hi-fi

materiyel hi-fi

agoriad

coktirgal

papur newydd

kaayit kabaruuji

darlun

pentirgol

poster

posteer

radio

rajo

llyfr nodiadau

teskorgel

hwfer

boɗowel pusiyeer

cactws

kaktis

cannwyll

sondel

oergell
buubnirgal

popty micro-don
fuur kuura

clorian gegin
peesirgal waañ

tostiwr
cahirteengel

gwlybwr
laawyîrgel

rhewgist
konselateer

popty
fuur

bin sbwriel
siwo kurjut

peiriant golchi llestri
lawyîrgel kaake

popty
....
fuurno

pot
....
pot

pot haearn bwrw
....
barme

wok / kadai
....
kasorol

padell
....
kasorol

tegell
....
satalla

sosban stemio

suppere defirteende

hambwrdd pobi

pool defirteeɗo

llestri

lawỹugol kaake

mwg

pot jarduɗo

powlen

suppeere

gweill bwyta

ñibirgon ñaamdu

lletwad

kuddu luus

ysbodol

kayit ɗakirteeɗo

chwisg

iirtude

hidlydd

ceɗirgel

gogr

tame

gratiwr

keefirgel

morter

moññirgal

barbeciw

juɗgol

tân agored

jeyngol e henndu

bwrdd torri cig

coppirgal

rholbren

degnirgel ñaamdu
feewnateendu

tynnwr corcyn

udditirgel butel

tun

buwaat

peth agor tuniau

udditirgel buwat

clwt pot

nangirgel pot

sinc

siimtude

brws

boros

sbwng

eppoos

peiriant cymysgu

jiibirgel

rhewgell

battowel galaas

potel babi

jardugel tiggu

tap

robine

gwres
gulnirgel suudo

cawod
lootogol

tywel
momtirgel

llen gawod
birnirgel lootorgal

baddon ewyn
lootogol e ngufu

baddon
ngaska buftorteengo

gwydr
weer

peiriant golchi
masinŋ lootnoowo

teils
kette senge

tap
robine

potyn
potsamburu

sinc
siimtude

tŷ bach

taarorde

toiled cyrcydu

jodorgal kuwirteengal

bidet

biisirgel ndiyam

troethfa

taarodde

papur tŷ bach

kaayit momtirdo

brws tŷ bach

boros taarorde

brws dannedd

coccorgal ẙiiye

past dannedd

sabunde ẙiiye

edau ddannedd

gaarowol ñiire

golchi

lawyữde

cawod llaw

ɓoggol lootirteengol

golchfa

ɓuftogol

basn

loowirteengel

brws-ôl

demirgel huɗo

sebon

sabunnde

gel cawod

saabunde ɓuftorteende

siampŵ

sampoye

gwlanen

limsere wiro

ffos

ciiygol

hufen

kerem

diaroglydd

uurnirgel

drych

daandorgal

drych llaw

daandorgal pamoral

rasel

pembirgel

ewyn eillio

ngufu pembol

sent eillio

moomiteengel pembol

crib

yeesoode

brws

boros

sychwr gwallt

joornirgel sukunndu

chwistrell gwallt

peewnirgel sukunndu

colur

makiyaas

minlliw

joođirgel toni

farnais ewinedd

momtirgel cegeneeji

gwlân cotwm

garowol wiro

siswrn ewinedd

siso cegeneeji

persawr

parfon

bag ymolchi

waxande lootorgal

stôl

kuudi

clorian

peesirgal

gŵn baddon

wutte cuftorteeɗo

menig rwber

gaɲuuji dalli

tampon

momtirer ỹiiỹam ella

tywel misglwyf

kuus tiggu

toiled cemegol

lootogol simik

cloc larwm
pindinirgel

tegan anwes
kullel fijirde

car tegan
oto pijirgel

cleciwr
dillere

tŷ dol
galle pijirgel

anrheg
hannde

balŵn

sumalle dalli

gwely

leeso

pram

duñirgel tiggu

pecyn o gardiau

nokkere karte

jig-so

fijirde lombondirgol

comic

njalniika

brics Lego
pijirgel tuufeeje

blociau adeiladu
tuufeeje

ffigur gweithredu
pijirgel

babygro
comcol tiggu

ffrisbi
palaat diwwoow

ffôn symudol
noddirgel

gêm fwrdd
pijirgel

deis
dee

set model trên
ñemtinirgel laana ndegoowa

teth lwgu
neɗɗo fuuunti

parti
fijirde

llyfr lluniau
deftere nate

pêl
bal

dol
puppe

chwarae
fijde

pwll tywod

mbalka ceenal

swing

beeltirgal

teganau

pijirgel

consol gemau fideo

pijiteengel see widewo

beic tair olwyn

welo biifi tati

tedi

pijirgel kullel urs

cwpwrdd dillad

armuwaar

dillad

comcol

hosanau

kawase

hosanau

kawase

teits

tuubayon ɓittukon

sgarff
musuuro

ymbarél
paraseewal

crys-t
tiset

gwregys
dadorde

esgidiau
pade toowde

sliperi
pade suudu

esidiau ymarfer
pade bokkateede

sandalau
pade diwa

esgidiau
pade

esgidiau rwber
padde toowde lirotoode

trôns
cakkirdi

bra
sucengors

fest
silet

corff
banndu

trowsus
tuuba

jîns
jiin

sgert
robbo

blows
buluson

crys
simis

pwlofer
piliweer

hwdi
weste nebbu

blaser
layset

siaced
jaget

côt
weste juudɗo

côt law
wutte toɓo

gwisg
kostim

gŵn
robbo

gwisg briodas
robbo yange

siwt
weste

gŵn nos
wutte baalduɗo

pyjamas
pijama

sari
sari

sgarff pen
muusooro

tyrban
kaala

bwrca
kaala

cafftan
sabndoor

abaya
abbaay

gwisg nofio
comcol lumbirogol

trowsus nofio
cakkirɗi

siorts
kilot

tracwisg
joogin

ffedog
limsere deffowo

menig
gaɲuuji

botwm

boɗɗirgel

sbectol

lone

breichled

jawo

cadwyn

cakka

modrwy

feggere

clustdlws

hootonde

cap

laafa

cambren

liggirgal weste

het

laafa

tei

karawat

sip

zip

helmed

laafa ndeenka

fframiau danedd

ganŋ

gwisg ysgol

comcol duɗal

gwisg

iniform

bib
....
sarbetel daande

teth lwgu
....
neɗɗo fuuunti

cewyn
....
kuus

gweinydd
serveer

cwrpwrdd ffeilio
baxane doodiyeeji

argraffydd
jaltinirgel kaayit

papur
kaayit

monitor
ekaran

desg
biro

llygoden
suuri

ffolder
caawiirgel doosiyeeji

bysellfwrdd
tappirde

basged papur gwastraff
suwo kurjut

cyfrifiadur
ordinateer

cadair
jooɗorgal

mwg coffi
....
kuppu kafe

cyfrifiannell
....
qiimorgal

rhyngrwyd
....
enternet

gliniadur

ordinateer beelnateeɗo

llythyr

ɓataake

neges

ɓataake

ffôn symudol

noddirgel

rhwydwaith

reso

llungopïwr

cottitirgel

meddalwedd

losisiyel

teleffon

noddirgel

soced plwg

ceŋirgel ɓoggol kuura

peiriant ffacs

masinŋ faks

ffurflen

mbaadi

dogfen

dokiman

prynu

soodde

talu

soodde

masnachu

yeyde

arian

kaalis

doler

dolaar

ewro

eroo

yen

yen

rwbl

ruubal

ffranc y Swistir

faran Siwis

yuan renminbi

yuwaan renminbi

rwpi

rupii

peiriant arian

masinŋ keestorɗo kaalis

swyddfa gyfnewid

nokku beccugol e neldugol

aur

kanŋe

arian

kaalis

olew

esaans

ynni

sembe

pris

coggu

contract

kontara

treth

taks

stoc

marsandiss moftaaɗo

gweithio

gollude

cyflogai

gollinteeɗo

cyflogwr

gollinoowo

ffatri

isin

siop

bitik

swyddog heddlu
dadiiɗo

diffoddwr tân
ñifoobe jeyle

cogydd
defoowo

meddyg
cafroowo

peilot
pilot

garddwr

toppitiiɗo sardin

saer

minise

gwniadwraig

ñootoowo

barnwr

ñaawoowo

fferyllydd

simist e ɗemngal farayse

actor

aktoor

gyrrwr bws

dognoowo biis

gyrrwr tacsi

dognoowo taksi

pysgotwr

gawoowo

glanhawraig

pittoowo

töwr

cengirɗe huɓeere

gweinydd

carwoowo

heliwr

daddoowo

paentiwr

pentiroowo

pobydd

piyoowo mburu

trydanwr

gollowo kuura

adeiladwr

mahoowo

peiriannydd

enseñeer

cigydd

jeyoowo teew keso

plymiwr

polombiyer

dyn y post

nawoowo ɓatakuuji

milwr

kooninke

pensaer

diidoowo ɓahanteeri

ariannwr

kestotooɗo

gwerthwr blodau

jeyoowo fuloraaji

triniwr gwallt

mooroowo

archwiliwr tocynnau rheilffordd

dognoowo

mecanydd

mekanisiyenŋ

capten

kapiteen

deintydd

cafroowo ƴiiƴe

gwyddonydd

miijotooɗo

rabi

kellifaaɗo diine to israayel

imam

imaam

mynach

muwaan e e ɗemngal farayse

clerigwr

kellifaaɗo diine heerereeɓe

morthwyl
marto

gefail
ñoyƴirgel

tyrnsgriw
biisrgel

sbaner
kele

fflashlamp
bawɗi biyeteeɗi ti

turiwr

pikku

blwch offer

baxanel kaɓorɗe

ysgol

ŋabbirgal

llif

tayirgal

hoelion

yiɓirɗe

dril

julirgal

trwsio

fewnitde

rhaw

nokkirgel

Daria!

Soo!

rhaw lwch

ƌoftirgel kurjut

pot paent

pot penttiir

sgriwiau

wiisuuji

offerynnau cerdd
kongirgon misik

uchelseinydd
nantinooji

set drymiau
kongateeđe

gitâr
hoddu

bas dwbl
duubl baas

trwmped
liital

piano

piayaano

ffidil

wiyolon

bas

baas

timpani

bowđi biyeteeđi timpani

drymiau

bawđi

cyweirfwrdd

tappirgal

sacsoffon

saksofoon

ffliwt

nguurdu

meicroffon

mikoro

teigr
cewngu jaawlal

mynediad
naatirgal

cawell
suudu kullal

sebra
puccu ladde

bwyd anifeiliaid
ñamdu jawdi

panda
panda

anifeiliaid
....
kulle

eliffant
....
ñiiwa

cangarŵ
....
kanguru

rhinoseros
....
rinoseros

gorila
....
waandu mowndu

arth
....
urs

camel

ngelooba

estrys

sundu burndu mownude

llew

mbaroodi

mwnci

waandu

fflamingo

ñaaral pural

parot

seku

arth wen

urso galaas

pengwin

liingu wiyeteendu penguwe

siarc

lingu reke

paun

ndiwri wiyeteendu pawon

neidr

laadoori

crocodeil

nooro

gofalwr sŵ

deenoowo zoo

morlo

togoori ndiyam wiyeteendu
fok e farayse

jagwar

cewngu

merlyn

molu

llewpard

cewngu

hipo

ngabu

jiráff

njabala

eryr

ciilal

baedd

mbabba tugal

pysgodyn

liingu

crwban

heende

walrws

kullal biyeteengal morse

llwynog

renaar

gafrewig

lella

pêl-droed America
Fuggukoyngel Amerknaaɓe

beicio
dognugol welo

tennis
tenis

pêl-fasged
beysbol

nofio
lumbagol

hoci iâ
fuggukoyngel e galaas

bocsio
boks

pêl-droed
Fuggukoyngel

badminton
badminton

athletau
atelettuuji

pêl-law
hanbol

sgïo
fijirɗe deggol e nees

polo
polo

neidio
diwde

chwerthin
jalde

cofleidio
buucaade

cerdded
yaade

canu
yimde

breuddwydio
hoyɗitaade

gweddïo
juulde

cusanu
buucaade

ysgrifennu

windude

tynnu

siifde

dangos

hollude

gwthio

duñde

rhoi

rokkude

cymryd

ẙettude

bod gan

deñde

gwneud

waɗde

bod

wonde

sefyll

ummaade

rhedeg

dogde

tynnu

fooɗde

taflu

weddaade

disgyn

yande

gorwedd

fende

aros

sabbaade

cario

roondaade

eistedd

jooɗaade

gwisgo amdanoch

ɓoornaade

cysgu

ɗaanaade

deffro

finde

edrych ar

ẙeewde

crïo

woyde

anwesu

helde

cribo

yeesaade

siarad

haalde

deall

faamde

gofyn

naamnaade

gwrando

heɗaade

yfed

yarde

bwyta

ñaamde

tacluso

hawrinde

caru

yiɗde

coginio

defde

gyrru

dognude

hedfan

diwde

hwylio

awyȗde

cyfrifo

qimaade

darllen

jangude

dysgu

jangude

gweithio

gollude

priodi

resde

gwnïo

ñootde

brwsio dannedd

soccaade ɣiiɣe

lladd

warde

ysmygu

simmaade

anfon

neldude

n
niraaɗo debbo

taid
taaniraaɗo gorko

tad
baabiraaɗo

mam
yummiraaɗo

baban
tiggu

merch
biɗɗo debbo

mab
biɗɗo gorko

gwestai

koɗo

modryb

goggiraaɗo

ewythr

kaawiraaɗo

brawd

mowniraaɗo gorko

chwaer

mowniraaɗo debbo

talcen
tiinde

llygad
yiitere

ysgwydd
walabo

bys
feɗendu

wyneb
yeeso

gên
waare

llaw
jungo

bron
endu

coes
koyngal

braich
jungo

baban

tiggu

dyn

gorko

gwraig

debbo

geneth

deftere kongoli

bachgen

suka gorko

pen

hoore

cefn
keeci

bel
reedu

bogail
wuddu

bys troed
fedendu koyngal

sawdl
jabborgal

asgwrn
ŷiyal

clun
rotere

pen-glin
hofru

penelin
salndu junngu

trwyn
hinere

pen ôl
dote

croen
nguru

boch
abbulo

clust
nofru

gwefus
tonndu

corff - bandu

ceg

hunuko

dant

ñiire

tafod

ɗemngal

ymennydd

ngaandi

calon

ɓernde

cyhyr

ƴiyal

ysgyfaint

wecco

iau

heeñere

stumog

estoma

arennau

tekteki mawni

rhyw

terɗe

condom

laafa ndeenka

ofwm

ɓoccoonde maniya

semen

maniya

beichiogrwydd

reedu

mislif
········
yiiƴam ella

fagina
········
farja

pidyn
········
kaake

ael
········
leeɓi dow yiitere

gwallt
········
sukunndu

gwddf
········
daande

ysbyty
suudu safirdu

ambiwlans
ambilans

cadair olwyn
jooɗorgal degowal

torasgwrn
kelal

meddyg

cafroowo

ystafell argyfwng

suudo irsaans

nyrs

cafroowo

argyfwng

irsaans

anymwybodol

paɗɗiiɗo

poen

muuseeki

anaf

gaañande

gwaedu

tuyẏude

trawiad ar y galon

ɓernde dartiinde

strôc

darogol ɓernde

alergedd

alersi

peswch

ɗojjugol

twymyn

nguleeki ɓandu

ffliw

maɓɓo

dolur rhydd

reedu dogooru

cur pen

muuseeki hoore

canser

kanser

diabetes

jabet

llawfeddyg

operasiyon

fflaim

ceekirgel

gweithrediad

operasiyon

CT

CT

pelydr-x

reyon-x

uwchsain

iltarason

mwgwd wyneb

mask yeeso

clefyd

ñaw

ystafell aros

suudu sabbordu

bagl

sawru tuggorgal

plastr

palatar

rhwymyn

bandaas

pigiad

pikkitagol

stethosgop

keɗirgel dille ɓandu

elorwely

balankaaru

thermomedr clinigol

betirgel nguleeki ɓanndu

genedigaeth

jibinegol

dros bwysau

ɓandu ɓurtundu

cymorth clyw

ɓallotirgel nonooje

diheintydd

desefektan

haint

infeksiyon

firws

viris

HIV / AIDS

HIV / SIDA

meddygaeth

safaara

brechiad

ñakko

tabledi

tabletuuji

y bilsen

foɗɗere

galwad frys

noddaango heñoraango

monitor pwysau gwaed

ɓetirgel dogdu ƴiiƴam

yn sâl / yn iach

sellaani / salli

Help!

Paaboɗe!

larwm

tintinirgel

ymosodiad

jangol

ymosodiad

yande e

perygl

musiiba

allanfa argyfwng

damal dandirgal

Tân!

Paaboɗe!

diffoddwr tân

ñifirgel jeynge

damwain

aksida

pecyn cymorth cyntaf

geɗe cafrorɗe gadane

SOS

BALLAL

heddlu

Polis

Ewrop

Erop

Gogledd America

Amerik to Rewo

De America

Amerik to Worgo

Affrica

Afiriki

Asia

Asi

Awstralia

Ostarali

Iwerydd

Atalantik

y Môr Tawel

Pasifik

Cefnfor yr India

Oseyan Enje

Cefnfor yr Antarctig

Oseyan Antarktik

Cefnfor yr Arctig

Osean Arkatik

Pegwn y Gogledd

Bange Rewo

Pegwn y De

Bange Worgo

Antarctica

Antarktik

y Ddaear

Leydi

tir

leydi

môr

maayo mawngo

ynys

wuro nder ndiyam

cenedl

leydi

gwladwriaeth

jamaanu

wyneb cloc

yeeso montoor

bys awr

misalel waqtu

bys munud

misalel hojomaaji

bys eiliad

misalel majanɗe

Faint o'r gloch yw hi?

Hol waqtu jonɗo?

dydd

ñalawma

amser

saha

yn awr

jooni

cloc digidol

montoor disitaal

munud

hojom

awr

waqtu

Dydd Llun
Altine

Dydd Mercher
Alarba

Dydd Gwener
Aljuma

Dydd Mawrth
Talaata

Dydd Sadwrn
Aset

Dydd Iau
Alkamisa

Dydd Sul
Alet

ddoe
hanki

heddiw
hande

yfory
jango

bore
subaka

canol dydd
beetawe

noswaith
kikiiɗe

diwrnodiau busnes
ñalawmaaji golle

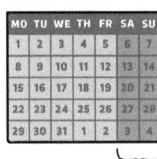

penwythnos
ñalamaaji fooftere

glaw
tobo

enfys
timtimol

eira
nees

gwynt
hendu

gwanwyn
caggal dabbunde

hydref
dabbunde

haf
ndungu

gaeaf
dabbunde

4.APRIL	11°	☀
5.APRIL	4°	☁
6.APRIL	13°	☂
7.APRIL	8°	❄
8.APRIL	10°	☀

rhagolygon y tywydd

kabrugol geɗe weeyo

thermomedr

betirgal nguleeki

heulwen

nguleeki naange

cwmwl

duulal

niwl tew

niɓɓere niwri

lleithder

ɓuuɓol

mellt

majaango

taranau

gidango

storm

hendu yaduungo e gidaali

cenllysg

toɓo mawngo

monsŵn

keneeli mawɗi

llif

toɓo yooloongo

iâ

galaas

Ionawr

Janwiye

Chwefror

Feeviriye

Mawrth

Mars

Ebrill

Awril

Mai

Me

Mehefin

Suwe

Gorffennaf

Suliye

Awst

Ut

Medi

Setanbar

Hydref

Oktobar

Tachwedd

Noowambar

Rhagfyr

Desambar

siapiau
Mbaadi

cylch

taariɗum

sgwâr

bangeeji potɗi

petryal

rektangal

triongl

tiriyangal

sffêr

esfeer

ciwb

kib

gwyn

deneejo

melyn

puro

oren

oraas

pinc

roos

coch

bodeejo

porffor

yolet

glas

bulaajo

gwyrdd

werte

brown

baka

llwyd

giri

du

baleejo

llawer / ychydig

heewi / famɗi

dig / tawel

mittinɗo / deeyɗo

hardd / hyll

yooɗi / soofi

dechrau / diwedd

fuɗɗorde / gasirde

mawr / bach

mawni / famɗi

llachar / tywyll

leeri / ɗibbiɗi

brawd / chwaer

awniraaɗo gorko / debbo

glân / budr

laabi / tulmi

gyflawn / anghyflawn

timmi / manki

dydd / nos

ñalawma / jamma

farw / yn fyw

mayi / wuuri

eang / cul

yaaji / bitti

bwytadwy / anfwytadwy

ñaame / ñaametaake

drwg / caredig

bonɗum / moyƴi

llawn cyffro / diflasu

weelti / deeyi

tew / tenau

ɓutto / cewɗo

cyntaf / olaf

gadiiɗo / cakkitiiɗo

cyfaill / gelyn

sehil / gaño

llawn / gwag

heewi / ɓolɗi

caled / meddal

tiiɗi / hoyi

trwm / ysgafn

teddi / hoyi

wedi newynnu / yn sychedig

heege / ɗomka

yn sâl / yn iach

sellaani / salli

anghyfreithlon / cyfreithiol

dagaaki / dagi

deallus / twp

ƴoyi / ƴiƴaani

chwith / dde

ñaamo / nano

agos / pell

ɓadi / woɗɗi

newydd / wedi'i ddefnyddio

keso / kiiɗɗo

dim / rhywbeth

haydara / huunde

hen / ifanc

nayeeji / suka

ymlaen / i ffwrdd

ne heen / ala heen

ar agor / ar gau

udditi / uddi

tawel / uchel

deeyi / dilla

cyfoethog / tlawd

galo / baasɗo

cywir / anghywir

feewi / feewaani

garw / llyfn

tekki / ɗaati

trist / hapus

suni / weelti

byr / hir

daɓɓo / jutɗo

araf / cyflym

leeli / yaawi

gwlyb / sych

leppi / yoori

cynnes / claear

wuli / ɓuuɓi

rhyfel / heddwch

hare / jam

0
sero
meere

1
un
goo

2
dau
ɗiɗi

3
tri
tati

4
pedwar
nay

5
pump
joy

6
chwech
jeegom

7
saith
seeɗiɗi

8
wyth
jeetati

9
naw
jeenay

10
deg
sappo

11
un deg un
sappo e goo

12

un deg dau

sappo e ɗiɗi

13

un deg tri

sppo e tati

14

un deg pedwar

sappo e nay

15

un deg pump

sappo e joy

16

un deg chwech

sappo e jeegom

17

un deg saith

sappo e jeeɗiɗi

18

un deg wyth

sappo e jeetati

19

un deg naw

sappo e jeenay

20

dau ddeg

noogas

100

cant

teemedere

1.000

mil

ujunere

1.000.000

miliwn

miliyonŋ

Saesneg

Angale

Saesneg America

Angale Amerik

Tsieinëeg Mandarin

Mandare Siin

Hindi

Indo

Sbaeneg

Español

Ffrangeg

Farayse

Arabeg

Arab

Rwseg

Riis

Portiwgaleg

Portige

Bengali

Bengali

Almaeneg

Alma

Siapanaeg

Sappone

fi

miin

ti

ann

ef / hi

kanŋko / kanŋko / kañum

ni

minen

chi

onon

nhw

kamɓe

pwy?

holi oon?

beth?

hol ɗum?

sut?

hol no?

ble?

hol toon?

pryd?

mande?

enw

innde

y tu ôl i

caggal

yn / yng / ym / mewn

nder

o flaen

yeeso

dros

hedde

ar

dow

dan

les

wrth ochr

sara

rhwng

hakkunde

lle

nokku